"安心小学"
社会情感学习桥梁书 4

时间都去哪儿了

岑澎维 / 著　张庭瑀 / 绘

青岛出版集团 | 青岛出版社

图书在版编目（CIP）数据

时间都去哪儿了 / 岑澎维著；张庭瑀绘. -- 青岛：青岛出版社，2023.4

ISBN 978-7-5552-8968-5

Ⅰ.①时… Ⅱ.①岑…②张… Ⅲ.①时间—管理—儿童读物 Ⅳ.①C935-49

中国国家版本馆CIP数据核字（2023）第043382号

书名/安心小学4：时间都去哪儿了
岑澎维著 张庭瑀绘
中文简体字版由台湾远见天下文化出版股份有限公司授权出版
山东省版权局著作权合同登记号 图字：15-2023-5号

书　　名	SHIJIAN DOU QU NAR LE 时间都去哪儿了
著　　者	岑澎维
绘　　者	张庭瑀
出版发行	青岛出版社
社　　址	青岛市崂山区海尔路182号（266061）
本社网址	http://www.qdpub.com
邮购电话	0532-68068091
责任编辑	王丽静
封面设计	夏　琳
照　　排	青岛可视文化传媒有限公司
印　　刷	青岛乐喜力科技发展有限公司
出版日期	2023年4月第1版　2023年4月第1次印刷
开　　本	16开（710 mm×1000 mm）
印　　张	8
字　　数	38千
印　　数	1—10000
书　　号	ISBN 978-7-5552-8968-5
定　　价	32.00元

编校印装质量、盗版监督服务电话 4006532017 0532-68068050

目 录

掌中天地　　1

原来她也玩手机游戏　　13

我想要一部手机　　29

你画好了吗?　　53

我今天不想上学　　69

如果你也有怪症状　　93

时间管理局　　109

【导读】
管好自己，才能管好时间（杨俐容）　　118

三年级四班

寒假结束了,天气依然很冷,寒风像是要把每个人的鼻头都吹红。鼻子仿佛成了失灵的水龙头,根本"关"不住鼻涕。厚重的外套也抵挡不住寒风的威力。

这种天气最适合躲在被窝里睡觉了,但是我们要上学,不能留在被窝里。

开学好几天了,林信佑一直没有来学校。

"老师,信佑为什么不来上学?"

每当有人问起时,老师就会轻轻地叹一口气,说:"我们一起期待信佑明天就会来上学吧。"

林信佑真的会来上学吗？新课本整整齐齐地摆放在他的桌洞里，像一份刚送来的礼物，静静地等着主人来打开。

　　"老师，信佑生病了吗？"

　　"他应该是生病了。"老师没有再多说什么。

　　但是，我知道林信佑没有生病。上周日，我在街上遇到转去别的学校的谢丞彦，他告诉我，林信佑每个周日下午都会去他家玩。

　　"今天下午他还要来，孔守，你要不要也来我家玩？"

我叫孔守仁,同学们习惯把我名字中的"仁"字省略掉,叫我"孔守"。

不知道妈妈能不能同意我去别人家玩。我一边想一边问谢丞彦:"玩什么呢?"

"玩《蚂蚁上树》哇！"

"蚂蚁上树？是去你家做这道菜吗？"

"哎呀，孔守，你真是太落伍了，这是个游戏，现在大家都在玩，你竟然没听过？！"

被谢丞彦这么一说，我决定去他家看一看到底是怎么回事。

那天下午,林信佑果然去了。他进门时看见了我,只对我说了一句"你好,孔守",然后就坐在沙发上玩起了手机。

"你的手机呢?"谢丞彦问我。

"我没有手机,需要用手机时,我就跟爸爸妈妈借。"

"这样很不方便。"谢丞彦拿出他的手机,说,"你看,我用的是我爸爸的旧手机。下次你爸爸妈妈换手机的时候,你也可以把旧手机要

过来。"

谢丞彦把他的手机借给我,让我跟林信佑一起玩手机游戏。

"这个怎么玩?"

"来,我教你。"

谢丞彦点了一下屏幕上的"开始",然后又点了几下别的,就进入了游戏。

我不知道怎么玩,谢丞彦在一旁耐心地给我讲解:"你先选一个角色,然后让它去进攻信佑的蚁穴。"

林信佑专心地玩着手机,仿佛我和谢丞彦都不存在。

谢丞彦又教了我一些游戏技巧,但是我

没太听懂，因为我一心只想问林信佑——你为什么一直不来上学？

"好！"林信佑大喊一声。

谢丞彦说："孔守，他得分了，你的蚁穴快要被他攻破了！"

"哈哈哈……"

听到林信佑的笑声，谢丞彦着急地催我："孔守，孔守，快一点儿，动作快一点儿，不然就——哎呀！"

林信佑攻破了我的蚁穴。

我又试着玩了一局，但我根本不是林信佑的对手。

时间过得好快，我该回家了。我跟谢丞彦道别。林信佑沉浸在手机的世界里，根本没注意我走了。

手机游戏真的那么好玩吗？林信佑明天会来上学吗？

"孔守仁，你好几天没打扫楼梯了。"

这是孙华彤。她是我们班的新学霸，每次考试都是第一名，而且是超出第二名一大截的第一名。她一转学到我们班，就轻松超过了以前的第一名。

奇怪的是，大家并不忌妒她，反而都跟她成了好朋友。

我和孙华彤负责打扫楼梯，她扫三楼到二楼，我扫二楼到一楼。她正拿着扫帚去三楼，不知道为什么，她拿扫帚的姿势就像拿着一把小提琴。

打扫卫生时，老师常常来盯着我，却从来不盯着孙华彤。我看过她扫地，扫帚在她的手上特别听话，而且她每天都扫得很仔细，根本不需要老师监督。

而我喜欢把扫帚当枪耍，只要发现老师没在盯着，我就会拖着扫帚跑到别的地方去玩。老师常说我的扫帚既顽固又爱闹情绪，需要勤加练习。

"孔守仁，你现在不好好扫，待会儿又要被老师抓回来重扫了！既然迟早都要扫，不如一开始就扫干净。"

孙华彤已经扫到了我们的楼层交界处，她的簸箕里已经有了不少垃圾。把交界处扫好后，她跟我说："来，我帮你，我们一起扫。"

这下逃不掉了,那就跟孙华彤一起扫吧。

"孙华彤,你听过《蚂蚁上树》吗?"

"你说的是手机游戏吗?"

"对呀,就是那个进攻蚂蚁巢穴的游戏。"

"知道哇,我很喜欢玩这个游戏。"

"你学习这么好,也玩游戏吗?"

"如果不影响学习,为什么不能玩呢?"

我停下来看着孙华彤。她虽然嘴上在说话,但手上的动作一直没停,扫帚还是划呀划。不像我,说话的时候会停下手里的活儿。

"你平时都什么时候玩游戏?"

"我只能在家玩,而且是在做完作业、复习完功课之后才玩。"

真不敢相信，孙华彤学习这么好，居然也玩手机游戏！

"我最喜欢的角色是雅赖，因为它很冷静，我常常选择这个角色。"

我不知道雅赖是什么角色，也不知道它有多冷静。就在我努力记住这个名字的时候，孙华彤问了我一个问题："你最喜欢的角色是哪一个呢？"

"我最喜欢的角色？"

我还在回想游戏里都有哪些角色的时候，孙华彤说："我猜，你会喜欢瓦拜这个角色。这只工蚁看起来酷酷的，其实热情洋溢，有着惊人的爆发力，跟你有点儿像。"

虽然我一时想不起瓦拜长什么样子，但是我立刻对孙华彤的评语表示赞同："没错，我喜欢瓦拜。"

我一定要去看看，瓦拜这只蚂蚁是怎么酷酷的又热情洋溢的。我突然很想要一部手机。

原来，玩手机也能当学霸！我要再去问问另一个学霸周怡真玩不玩手机游戏。

"守仁，你看，扫地一点儿也不难，对吧？你这次就做得很好！"

老师从楼上走下来，她的长裙几乎要垂到楼梯了，幸好我们把楼梯扫干净了，不然老

师的长裙就要被弄脏了。

"华彤主动帮助同学,真是好样的!"老师又表扬了孙华彤。

孙华彤手上的动作依然没有停,回答说:"这没什么的。"

扫到一楼,我的打扫任务就完成了。

我立刻跑去树林那边找周怡真,想问问她玩不玩手机游戏,却没有找到她。

她负责清扫树林这片区域,也许是冬天树叶都掉光了,没有落叶可扫,她早早就回教室了。

我真应该选这片室外清洁区,冬天树枝光秃秃的,根本不用扫落叶,春天、夏天树叶很少掉落,地上总是干干净净的,只有秋天,需要辛苦地打扫一下。

扫楼梯最累了。楼梯那里每天人来人往的，刚扫好，不一会儿又脏了，而且不分季节，每天都有"收获"。

我回到教室，发现周怡真正好在和孙华彤讨论《蚂蚁上树》这个游戏。

不用问了，她也玩！

于是我就在旁边听她们聊天。

"去'女巫之家'用点数兑换奖品时，为什么有时候需要的点数多，有时候需要的点数少呢？"周怡真问。

"好像是看女巫的心情。她心情好的话，就会打折，有时候折扣力度还很大呢！"

"原来如此！"

"还有,兑换奖品的时候千万要小心。如果女巫身边出现一个探头探脑的小怪兽,那最好不要兑换,赶紧离开。不然那个小怪兽会抢走你的点数,还会提高奖品的价格。"

全班大概只剩下我没有手机了。我一定要跟爸爸要一部手机!

"守仁,你的画交了吗?"

开学一个多星期后,班主任老师来催我的美术作业了。

我摇摇头。

"要尽快交上来哟,美术老师在催了。"

我点点头。

那幅画是寒假作业,我还没画好,不对,应该说"我还没画",因为我觉得画画很简单,等到快开学时再画也来得及。

现在开学了,我的寒假日记没有写完,美术作业也没有交。班主任老师没有要求我补写日记,因为寒假已经过去了。

"守仁,这是你应该做的事,却没有做到,你觉得该怎么办?"

美术老师

班主任老师

我

"我以后会做好。"

"你要把时间分配好，什么时间要做什么事，自己都要做好计划，不要总是拖拖拉拉。"班主任老师看着我说。

我轻轻地点点头。

不知道林信佑是不是因为没写寒假作业才不来上学的。如果是这样，我觉得他好有勇气。

日记的事刚过去，现在轮到美术作业了。事情是这样的，美术老师来催我交作业，我交不出来，她就去找了我们班主任老师。于是，班主任老师又来催我了。

我决定，今天回家一定要赶紧画。

然而，回到家，我只记得跟爸爸要一部属于自己的手机，完全忘了还要画画这件事。

"等你考进班级前五名再说吧！"爸爸一口回绝。

"可是，我们班的第一名孙华彤就有手机，班长周怡真也有，她们就是有手机才有好成绩的！"

"孔守仁同学，你要弄清楚，她们是有好成绩才能玩手机，不是有手机才有好成绩。"妈妈也不同意。

我心里很着急，我可不想成为全班唯一不会玩手机游戏的人。

"你们连试都不试，怎么知道不是因为手机呢？"我跟妈妈据理力争。

妈妈却说:"你平时做事就拖拖拉拉的,再让你玩手机的话,哪里还有时间写作业!"

"她们肯定是为了玩手机才学会好好安排时间的。你们不给我机会,我怎么能学会分配时间呢?"说完,我就转身离开了,不想再听妈妈的数落。

只听爸爸小声地跟妈妈说:"他说的也有道理……"

"别以为我不知道,是你想换手机!"妈妈打断了爸爸的话。

"我的手机也旧了……"

回到房间,我心不在焉地拿出练习册,心里一直在想:爸爸会不会换手机,然后把旧手机送给我?

才刚写了几个字,我又想起孙华彤说的游戏角色。我不禁开始思考,我玩《蚂蚁上树》的话,应该选哪个角色呢？是看起来不善言辞的瓦拜，还是反应慢半拍的恰锡？

想着想着，它们的模样就浮现在我的脑海里，我忍不住在练习册上画出恰锡的模样——这是我最有印象的一个角色。

恰锡是一只小工蚁，总是皱着眉头，圆圆的嘴好像在说："哦，怎么会这样？"

它分不清对方是敌是友的时候，就会露出迷茫又无奈的表情，那模样太可爱了！

"画好了。"

我欣赏了好久，不由得佩服自己怎么能画得这么像！

我觉得画画的时候最快乐了，时间也过得最快。如果每天的作业都是画画该多好，我一定会好好地画。这些课本和作业不是文字就是数字，让人眼花缭乱、头昏脑涨。

第二天扫地的时候，我正要告诉孙华彤，我最喜欢的角色是恰锡，忽然瞥见班主任老师往我这边走过来，我赶紧假装专心扫地，不敢看老师。

"守仁，你的画带来了吗？"

"我忘记了。"

"明天一定要带来！美术老师说这周五要进行校内评选，你再不交就来不及了。"

"好。"

我一边扫一边想，距离周五还有好几天，时间足够了，画一幅画对我来说轻而易举。

孙华彤已经扫到了我们的楼层交界处，她告诉我："孔守仁，你把这件事记在联络簿上，就不会忘记了。"

"什么事？是蚂蚁进攻城堡的技巧吗？"

"蚂蚁？"孙华彤愣了一下，说，"不是，是你要画画这件事，刚才老师不是在催你的画吗？"

"哦,你说的是这件事呀。"

"你最好把这件事记下来,不然又要忘了。"

"好吧。"

虽然孙华彤一再提醒我,但我还是没有记在联络簿上,因为联络簿在老师那里,我忘了拿回来。

回到家,我虽然牢牢记着要画画这件事,但怎么也找不到美术老师发的那张水彩纸了。

我翻遍了书包的每一个隔层,仔细查找了家里所有的垃圾桶,还检查了客厅的各个角落,都没有找到那张水彩纸。

难道那张水彩纸不在家里,在学校?

"守仁,你在找什么呢?"爸爸问我。

"我在找水彩纸。——爸爸,你要换手机了吗?"

爸爸喜滋滋地跟我说:"旧手机用了这么久,真该换了。我最近看好了一款新手机,你看——"

爸爸把手机屏幕上那款新手机亮给我看。
"太好了,爸爸,你要有新手机了!"
爸爸跟我比了一个"嘘"的手势,他一定是怕被妈妈听到。

"你的旧手机要送给我。"

"没问题,但是你要节制一点儿,免得被没收!"

我连忙跟爸爸比了一个"没问题"的手势,顺势拿起手机看了起来。

我猛然想起我在找水彩纸——我的水彩纸呢?

不管了,让我先研究一下爸爸要买的新款手机,看看它有什么特别的功能,这耽误不了多少时间。

"你的作业写完了吗?"

我点点头。

"那让你玩一会儿,不可以玩太久哟。"

我又点点头。

既然这部旧手机迟早是我的,我就先下载个游戏吧。

我在手机的应用商店里搜索《蚂蚁上树》,很快就把游戏下载好了,比想象中的还要容易!

接着就是进入游戏。天哪,班上好多人都在玩这个游戏:孙华彤、黎冠修、周怡真……就连林信佑也在!

酷酷的瓦拜已经被林信佑选走了,那我当然要选我喜欢的恰锡了。

"来了!我来了!"

蚂蚁大军要进攻建在大树上的巢穴。但恰锡毫无方向感,慌忙赶路,却总是往错误的方向走。

"哈哈,你这个小笨蛋!"我忍不住笑出来。

"该把手机还给我了。"爸爸提醒我。

"再等一下,我才刚开始玩。"

爸爸不再催我了。直到听到妈妈的声音，爸爸才推推我。我赶紧把手机还给爸爸，然后回房间继续找水彩纸。

我觉得我有点儿像刚才的恰锡，一直在原地打转。我是不是也走错方向了呢？

"守仁,你今天把画带来了吗?"

我一走进教室就被老师叫住了。

"我……"我觉得口干舌燥,一句话也说不出来,只能低下头。

"守仁,美术老师一再让我提醒你,记得把画带来,今天上美术课的时候,她可以指导你再修饰一下,结果你又没带来。你想想看,美术老师会有多生气呀?"

我的头垂得更低了。

"你知道美术老师为什么这么重视你的画吗？因为你画得特别好。每次把你的画送去参赛，都能得到很好的成绩。大家都知道，我们班有个小画家，叫孔守仁。这次，你怎么这么大意呢？"

我抬头看着老师,很想跟她承认错误,却怎么也说不出口。

老师一生气,脸就会红起来。现在她生气了。

"我打电话请你爸爸把画送过来!"

我慌张地摇头,说:"不要!"

"难道你还没有画?"

我点点头。

"那你的水彩纸带来了吗？"

我摇摇头。

老师沉默了很久，久到我都不知道该怎么办了。

老师说："你现在去找美术老师要一张水彩纸，然后马上回教室来画。"

我点点头，背着书包向门口走去。老师提醒我，让我先把书包放下。

我不知道我是怎么走到美术老师办公室的。

美术老师一看见我就开心地说:"守仁,我迫不及待要欣赏你的画了,快拿给我看看!"

我鼓起勇气,但挤出来的声音很小:"老师,能不能再给我一张水彩纸?"

"为什么?你画坏了吗?我可以和你一起

修改呀。"

"老师,我还没画。"我的脸一定比刚才班主任老师的脸还要红。

美术老师跟班主任老师不一样,她顿时火力全开:"你没有画,为什么不早点儿说?后天就要全校评选了,你能画得出来吗?你整个寒假都在做什么?!"

狠狠地批评了我一通之后,美术老师问我:"你现在打算怎么办?"

我很想问——能不能不交?

可是,我听到自己跟老师请求:"请再给我一张水彩纸吧,我今天努力画完。"

美术老师取出一张水彩纸,对我说:"草稿画完后,先拿给我看一下!"

我跟美术老师道谢后，赶紧拿着水彩纸跑回了教室。

晨读已经开始了，班主任老师让我在她桌旁的一张小桌子上画画。

我其实还没有什么思路，但是不动笔不行了。我只好拿起铅笔随意画了几笔，落在纸上的线条像是一棵树。

好吧，那就画一棵粗壮的大树吧。

可是，主题是什么呢？

对了，蚂蚁！

我先在树上画了几只蚂蚁，它们正要把食物搬回巢穴。然后我又画了几只甲虫在树干上慢悠悠地爬，还有几只小鸟在枝头唱歌……

画画的时候，我非常专注，就算有人跟我说话，我也听不到。

等我画完草稿时，打扫卫生的时间已经过了。

"华彤已经帮你把楼梯扫好了。守仁,你要学学华彤,她知道什么时间该做什么事,而且会按照计划完成,你可以多观察一下。"

我点点头。班主任老师让我上美术课之前,先把草稿拿给美术老师,看看有什么需要修改的地方。

我把画交给美术老师的时候,她说:"你看,你一认真起来就做得又快又好。你画的很生动!"

美术老师跟我一起确定了这幅画的主题,就叫作"回家"。为了凸显这个主题,她提了一些建议:"这里可以增加一些房屋,再加上几个学生,背着书包要回家了。"

上美术课的时候，我专心地修改草稿。我在画上画出房屋，又加了几个小朋友，他们背着书包，在回家的路上嬉笑、追逐。

等我改完，再略加修饰，美术课已经结束了。

"守仁，你今天回家不可以偷懒，一定要完成这幅画的上色。明天我们还有时间进行最后的修饰。"

我很有信心地点点头，我回家一定会好好画的！

我突然想起孙华彤说我很像瓦拜，看起来酷酷的，其实热情洋溢，有着惊人的爆发力。

起初，我并不觉得自己像瓦拜，但现在，我明白瓦拜"惊人的爆发力"是什么样了，也明白孙华彤为什么会这么想了。

因为我看见了我"惊人的爆发力"，这让我很有信心！

放学前,班主任老师告诉我,今天的作业可以改天再写,但是今天回家一定要完成那幅画的上色。

我点点头,我认为自己一定能做到。

一路上我都很开心,今天可以不写作业,只做我最爱做的事——画画。我一定要按时完成,不再拖延了。

就在我决定无论如何一定要把画画好时,我发现爸爸换了新手机。

一回到家，我就看出爸爸手上的手机不一样了。虽然款式没有太大的变化，但新手机散发的光芒，好像把爸爸整个人都照亮了。

"爸爸，你换新手机了！"

"是呀，你看，这张壁纸怎么样？"

爸爸用的是上个月我们去旅行时拍的一张照片，它跟灰色的手机边框看起来不大协调，但我的心思已经不在这上面了。

"好看,好看。爸爸,你的旧手机呢?"

"那要看你的表现了,如果你做事情还是拖拖拉拉的,我就把旧手机送去手机回收站。"

"没问题,我保证!"我坐到爸爸旁边,跟他一起看新手机,"爸爸,你怎么不下载游戏呢?"

"你想下载什么游戏?"

"《蚂蚁上树》!"

"这个游戏有很多人玩,你也会玩吗?"

我点点头。

爸爸让我先去写作业,我告诉他,老师说今天可以不写作业,明天再写就行了。

"真的吗?"

"真的,老师说的。"

爸爸从包里拿出新手机的包装盒,再从包装盒里拿出他的旧手机。

我开心地等着爸爸把旧手机放在我的手上。旧手机擦得干干净净,看起来就像是全新的一样。

"你只能玩三十分钟!"

"没问题,就三十分钟。"

爸爸看了一会儿手机就去洗澡了。妈妈做好晚饭后,我随便吃了几口,又坐回沙发上,拿起手机跟同学们在游戏中会合。

这次，我选了瓦拜，我想看看瓦拜惊人的爆发力。

瓦拜和伙伴们要去搬运藏在树枝上的果实甜液，带回巢穴给蚁后和幼虫们吃。瓦拜凭着本能找到了正确的方向，带领伙伴们朝着目标行进。今天的瓦拜没有发挥它惊人的爆发力。

我玩着游戏，突然想到了美术老师。这时，妈妈叫我不要再玩手机了。

我马上把旧手机交给爸爸,我该去画画了。

回到房间,我决定先休息一会儿。

"我就眯一下,一会儿就起来画。"我这么提醒自己。

天快亮的时候,我突然惊醒了!我不是只眯一下吗?怎么睡过头了!想起还没上色的画,我立刻从床上跳了起来:"惨了,惨了!我又要被老师批评了。"

我拿着洗笔筒,蹑手蹑脚地去装了一些水,然后回到书桌前开始上色。

我按照美术老师教的，先用浅色给画的主体部分上色，再逐渐加深。

时间过得好快，我还在犹豫蚂蚁要用浅褐色还是深褐色的时候，妈妈推门进来了。

"原来是在赶作业，怪不得灯亮着。"

"妈妈，我的头好痛，今天能不能不去上学？"

"你这么早起来，没睡好，头当然会痛。"

"老师说今天要把画交上，我还没画完，所以要早一点儿起来画呀！"

"那你昨天晚上怎么不画？为什么非要今天一大早起来画？"

"昨天有点儿累，我本来想睡一会儿就起来画，谁知道睡过头了。"

"再画十分钟，剩下的等吃了早饭去学校画吧。"

妈妈去做早饭了，我还在混合各种颜料，调出我想要的颜色。

"守仁，吃早饭了！"

"我画完了再吃。"

画不完我就惨了。

我就这么饿着肚子继续上色。不知道过了多久，老师打电话来，问我为什么没去上学。

"他今天头有点儿痛，等会儿我就送他去

学校。"

我突然想起林信佑，他是不是和我一样，起床之后头就很痛？为什么他可以一直不来学校？他也在赶寒假作业吗？为什么我不能跟他一样？

"快收拾收拾，该去上学了，老师都打电话来问了。"

"妈妈，我今天想请一天假，在家里休息。"

妈妈把头贴在我的额头上,看看我有没有发烧。

"没有发烧!你就是没睡好才会头痛的。"

一想到又要被老师责问,我更不想去上学了。"我的头真的很痛,我还想吐。"

"那我们现在就去医院,看完医生再去学校。"

"老师说过，生病了要在家休息，不要去学校，免得传染别人。"

"好，我们去看医生。"

我摇摇头，不肯去。

"现在你有两条路可以选：去医院或者去上学！"

就在这个时候，老师又打电话来了。

"好，我会提醒他把画带去学校。"

又是一个站着听训的日子。班主任老师看了我的画，有些生气地说："为了让你有更多时间画画，老师允许你晚一天交作业，但你却只画了这些，你昨天花了多少时间在画画上？"

"差不多一个小时。"

"你估计还需要多长时间才能画完?"

我看了看画,想了一下,说:"大概三个小时。"

"放学回家后,你是怎么分配时间的呢?"

我把回家之后做的事告诉老师:看电视、玩手机游戏、吃饭、睡觉睡到早上六点、起来画画……

我这才发现我昨天没有洗澡。

老师把我说的事一项一项记录在纸上,然后问我:"这里面哪些时间

是原本应该用来画画的呢？"

"看电视和玩手机游戏的时间。"

"没错。如果画画的时候发现，三个小时不够用，怎么办呢？"

"睡觉前再画一会儿。"

"这就对了！"

老师在纸上写下计划，递给我看："你回家后应该先画一个小时，休息一会儿，再画一个小时，然后洗澡后，再把画画完。这是你欠的作业，所以要花更多时间弥补，但是老师没看到你努力弥补。"老师停了一下，问我："你喜欢画画吗？"

我使劲点点头。

我真的很喜欢画画，画画时我会觉得很快乐。

"既然喜欢，就不要拖拖拉拉。准时把作业做好，才有时间安心地做自己想做的事。"

我点点头，表示听懂了。

"现在，你去做一份今天在学校的计划表，规划一下什么时候能完成这幅画。"

我又在老师桌旁的小桌子前坐下,把我的课外计划表写好:

8:10—8:20 扫地

8:20—8:40 画 20 分钟

第一节课后画 15 分钟

第二节课后画 10 分钟

第三节课后画 10 分钟

12:00—12:20 吃午饭、刷牙

12:20—13:20 画 1 小时

午休结束后画10分钟

第五节课后画10分钟

第六节课后画10分钟

画画时间一共2小时25分钟。

如果没有画完，放学留下来继续画。

这就是我一天的计划。除了上课、吃饭、去卫生间，就是画画。同学们都不敢来跟我说话，因为老师提醒过他们："今天不可以跟孔守仁聊天。"

午休后，我终于画完了。老师问我有什么感觉。

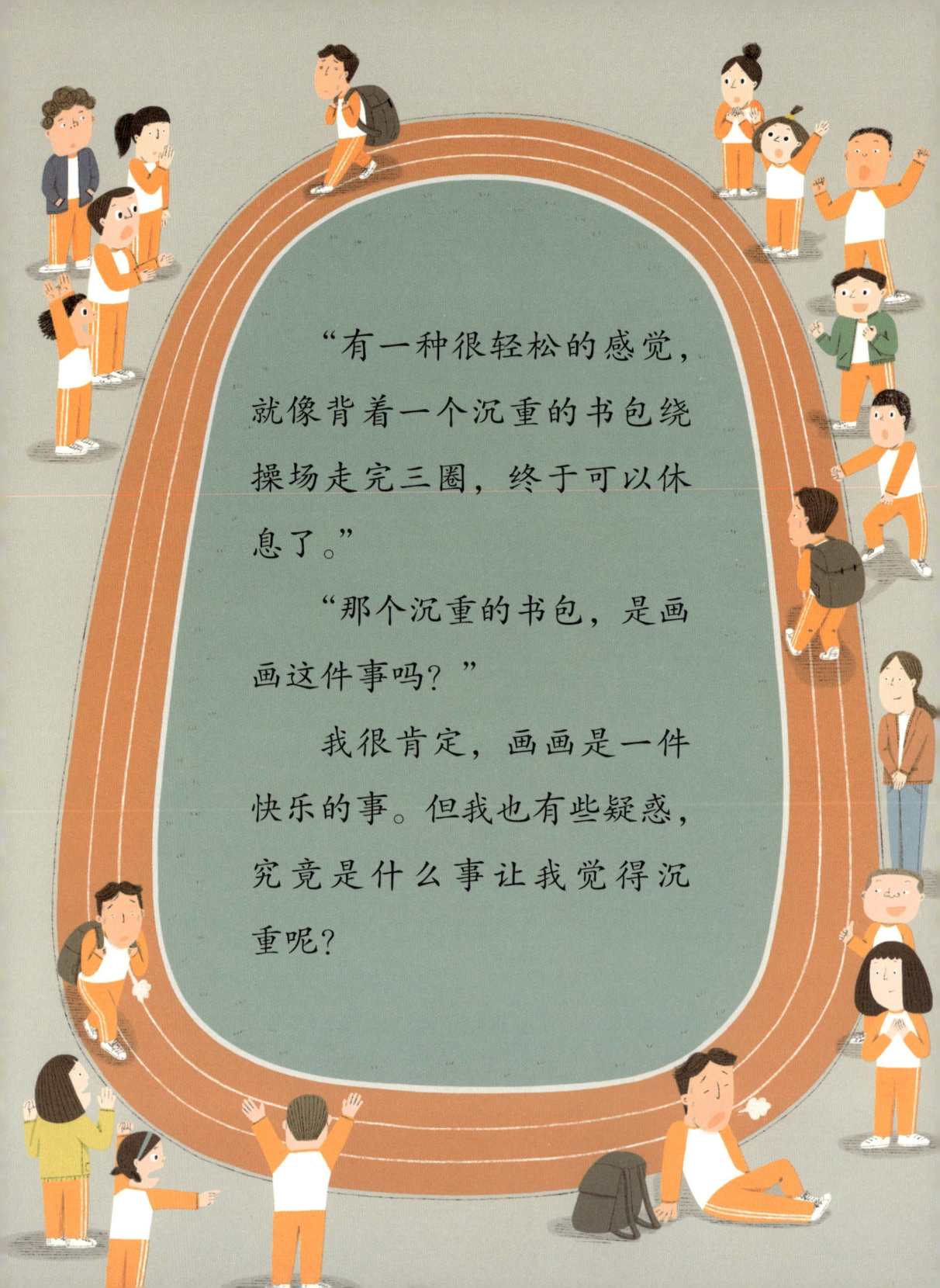

"有一种很轻松的感觉,就像背着一个沉重的书包绕操场走完三圈,终于可以休息了。"

"那个沉重的书包,是画画这件事吗?"

我很肯定,画画是一件快乐的事。但我也有些疑惑,究竟是什么事让我觉得沉重呢?

我把画好的画交给美术老师的那一天，正好也是爸爸把旧手机交给我的那一天。

"你要像你保证的那样，把自己的时间规划好，不可以沉迷于手机游戏。"

"没问题！"

我很有信心，因为在回家的路上，我已经在心里列好了计划：回到家后，先补写之前的作业，再写今天的作业。这些事都做好后，才能安心地玩手机游戏。

我想起之前交给老师的那张计划表。计划表真的很有用，它让我清楚地知道自己有多少时间可以使用，该用什么样的速度做事。

晚上，我先把两份作业写好，又复习了功课，再到客厅请妈妈在联络簿上签字，最后才跟爸爸一起研究他的新手机。

"守仁，你好几天没有让我签字了，老师的留言我都没看到。"妈妈一边翻联络簿一边说。

"那些事我都做好了，放心吧。"

说出这句话，我觉得好轻松！

"今天有两份作业，你都写完了吗？"

"都写完了。"

妈妈签了字，把联络簿还给我。

"妈妈,我的作业都写完了,可以去玩一会儿手机游戏吗?"

"去玩吧。"

"太好了!"我立刻冲向房间,但是妈妈又抛过来一句话:"我给手机设定了时间,每天只能用半个小时,超时就不能再上网了!"

"啊?!"顿时,我像被石子击中了一样!

不过,可以玩半个小时已经不错了!

进入游戏后,我发现孙华彤还没上线,就跟黎冠修、李翔豪玩了起来。

这一次,我又选择了瓦拜,但瓦拜总是施展不出它的爆发力,看起来有点儿弱。李翔豪选了恰锡。在搬武器的时候,傻乎乎的恰锡竟然把头探进了炮孔里。瓦拜连忙把它拉出来。

我看见雅赖一闪而过,但那不是孙华彤。

孙华彤那天一直没有上线,我觉得很奇怪。

第二天,扫地的时候,我问孙华彤:"你昨天怎么没有玩游戏?"

"昨天我小姨带着她的小女儿来我家做客,我一直在和小妹妹玩,就没上线。"

"你不是每天都会上线吗?"

"不是呀,有时候我会读书、练琴,就不上线了。"

"你爸爸妈妈会限定你一天玩多久吗?我妈妈一天只让我玩半个小时。"

"我爸妈没有给我限定时间,不过,我也只玩一会儿,不会玩很久。"

周日,我又到谢丞彦家玩,林信佑也在。

"孔守,你来了!"林信佑跟我打招呼。

"信佑,你怎么一直不来上学?你怎么了?"

林信佑入神地玩着游戏,视线丝毫没有离开手机,不知道有没有听到我的话。

过了好一会儿，林信佑才看看我，说："你刚才说什么？"

"我说，你怎么都不来上学？你生病了吗？"

"对，我每天都觉得头晕，早上一起床就想吐。"

这些怪症状让我想起了前几天早早起床画画的事，那时我也是头晕、想吐。

"你是不是没睡好？"

"可能是吧，我晚上睡得很晚，早上起不来。"

"你要不试试早点儿睡？"

"早一点儿我睡不着。"

这又是一个怪症状！

在谢丞彦家玩游戏很开心，他的手机没有设定时间，想玩多久就玩多久。

但是林信佑的手机也没有设定时间哪，为什么他要到谢丞彦家来玩呢？

"你这一关是怎么过的？"谢丞彦凑到林信佑身边，想看看他是怎么得到这么高的分数、赢得这么多宝物的。

林信佑专注地玩着游戏，让谢丞彦自己在旁边看。谢丞彦看得入迷，还不时发出惊叹声。

我猜，是谢丞彦邀请林信佑来他家的。林信佑的游戏得分是全班最高的，大家都很想知道他是怎么做到的，想跟他讨教得分的技巧。

这么高的水平，要花多少时间才能达到呢？

林信佑玩得很专注，好像完全感觉不到旁边有人。他有时候哈哈大笑，有时候懊恼惊呼。

我突然想到，林信佑说他晚上睡不着、早上起不来，是不是因为玩手机玩到很晚，睡眠不足呢？我早起的那一天，也觉得很不舒服，我应该告诉林信佑我的想法吗？

我想起孙华彤跟我说话的语气，忍不住学起她来："信佑，你应该先把该做的事做好，有剩余的时间再玩手机。你这样一直玩、一直玩，晚上就会睡不着。晚上睡不着，第二天就起不来，勉强起来了，就会头痛、想吐。"

我说了一通,林信佑只轻轻地"哦"了一声。

我把想说的话说完了,心情竟然跟画完画的时候一样轻松。

这一次,我早早地离开了谢丞彦家。我知道林信佑的问题了,他没有生病,只是不知道该怎么安排时间。

我不想沉迷在玩手机游戏这件事上,因为我觉得画画比玩手机游戏更快乐。

那张赶工完成的画获得了全校特等奖,可以送去市里参加比赛。

在送去参赛前，美术老师建议我修改几个地方。这一次我没有拖拖拉拉，很快就完成了。

看着自己的画越来越好，我的心里除了轻松，还有一种成就感。最后，我凭借这幅画在全市中小学生绘画比赛中取得了第三名的好成绩！

妈妈说,如果我多花一点儿时间好好画,成绩会更好。

我同意妈妈说的话,赶工画出来的画,没办法顾及细节,下次我一定会在规定的时间内画好。

林信佑回学校上课已经是开学三个星期后的事了。一开始他只有下午来,后来才慢慢恢复正常了。现在我不羡慕他了,因为我不想像他一样,被手机控制,没有办法做自己真正喜欢的事。

我虽然懂得了时间管理的重要性,但是有时候还是管不住自己。

"守仁,你的画画好了吗?"

上课时该画好的画,我常常到下课还没有画完。

"守仁,你的作业写完了吗?"

明明知道回到家要先做作业,但是,一拿起手机我就把作业抛到脑后去了。

不过，每当我渐渐向那个不会管理时间的"我"靠近时，内心都会响起一个声音，像在提醒我："守仁，你该做个计划了！"

这时候，我就会离那个"我"远一点儿。

又一个画画比赛要开始了，主题是公园写生，就在安心小学附近的公园举行。我报名参加了。

"守仁,千万别睡过头,明天尽量早一点儿到。"比赛前一天,美术老师特地提醒我。

我把美术老师的话放在心上,晚上睡觉前我就把该带的东西准备好了,也没有睡过头。

虽然我并没有立即"脱胎换骨",但是我发现,我比过去更在意时间了,比如,现在我每天都会按时去打扫楼梯。

"孔守仁,你现在越来越守时了,不再过了打扫时间都没来扫楼梯了。"

孙华彤的赞美让我觉得扫楼梯是一件快乐的事。

有一次,老师讲到《最想做的一件事》这篇课文,她让我们想一想,在新的一年,自己最想做的一件事是什么?

老师说她最想做的,就是每个月多回家陪爸爸妈妈。

孙华彤想通过钢琴第七级考试；黎冠修想在游戏中得到更高的分数，超过林信佑；方芯莹想要看完《西游记》……

每个人想做的事都不一样。我还在思考我最想做的事是什么，突然听到老师叫我的名字。

"守仁，你呢？你最想做的事是什么呢？"

"我……我跟他们不一样，我没有特别想做的事，但是有一件不想做的事。"

同学们都笑了起来,我觉得很不好意思。

"那你不想做的事是什么呢?"

"我希望我不要整天想着玩手机。"

"你是怎么产生这种想法的?"

"我做事常常拖拖拉拉的,浪费了很多时间。改掉这个坏习惯的第一步,就是减少玩手机的时间。"

"这件事很有意义，希望你能做到。不如，老师给你安排一个职位吧？就叫'时间管理局小局长'，负责合理规划时间。"

哇，我是"小局长"了，我一定要认真做好时间管理这项工作！

每天早上，只要想到昨天我又少玩了一分钟手机游戏，我就觉得我的"时间管理局"多了一笔收入。现在，我可以把时间分配得很好了，我仿佛看见瓦拜对我竖起了大拇指。

我要管理好自己的时间，而不是让手机支配我，因为我是时间管理局的小局长！

"守仁，又有画画比赛了，你一定要参加呀！"

猜猜看，这次我会怎么做？

【导读】

管好自己，才能管好时间

杨俐容　芯福里情绪教育推广协会创会理事长

时间是一个很神奇的东西，它公平地给了每个人一天二十四小时，在这相同的时间里，每个人让时间发挥出来的能量却各不相同。善于规划、积极执行的人，总是有充裕的时间来完成他想做的事情；没有计划、习惯拖延的人，经常在紧要关头才发现时间已经悄然离去。

对现在的孩子而言，无论是必须学习的技能，还是好玩诱人的事情，都比以前要多很多，但每天拥有的时间依旧是二十四小时，不多也不少。于是，"时间管理"成了孩子能否游刃有余地面对日常生活的关键能力。

很多人以为只要做好计划、列好日程表就可以做好时间管理。事实上，计划也好，日程表也好，都只是时间管理的辅助工具，时间管理的本质是自我管理。

这里的自我管理包括设定合适的目标、做好时间规划等，但最终能不能达成目标，关键还是在于自己能不能切实执行。此外，用正确的方法提高效

率，减少浪费时间的行为，也是自我管理中很重要的环节。

对孩子来说，从小学习时间管理会给自我管理打下坚实的基础，有助于提升竞争力。然而，对父母和老师来说，用什么样的工具和方法引导孩子树立正确的时间观念，是一项很有挑战性的任务。因此，当我看到《时间都去哪儿了》时，一种敬佩感油然而生。

"老师作家"岑澎维通过细致入微的观察，从孩子的兴趣爱好、行为习惯等日常小事出发，不着痕迹地描绘出手机游戏的吸引力与深藏其中的时间陷阱，穿针引线地带出时间管理这一主题。通过阅读，孩子可以轻松觉察自己是否也无法管好时间，领悟到只要有心改变，就算进步缓慢也是可喜的成长，还可以参考书中同学们所表现出的良好习惯，学习时间管理。

诚挚推荐《时间都去哪儿了》，期待有更多孩子从这本书中体会到"管好自己，才能管好时间"的道理，争做时间的主人，让时间成为学习和成长的沃土！